AF607214

UNA MADEJA DE ESTAMBRE

LEONOR PATAKI

UNA MADEJA DE ESTAMBRE

XXXVIII Premio Internacional de Poesía
Fundación Loewe a la Creación Joven

VISOR LIBROS

VOLUMEN MCCXCVII DE LA COLECCIÓN VISOR DE POESÍA

Los miembros del jurado fueron: Víctor García de la Concha (Presidente), Gioconda Belli, Antonio Colinas, Aurora Egido, Juan Antonio González-Iglesias, Raquel Lanseros, María Negroni, Carme Riera, Jaime Siles, Luis Antonio de Villena y Javier Velaza (ganador de la anterior convocatoria).

Cubierta: Imagen generada con IA, inspirada por un fragmento
de la obra *The Witches Cove*, atribuida al pintor holandés Jan Mandijn
o a un seguidor suyo (siglo XVI)

Isaac Peral, 18 - 28015 Madrid
www.visor-libros.com

ISBN: 979-13-87745-97-4
Depósito Legal: M-2278-2026

Impreso en España - Printed in Spain
Gráficas Muriel. C/ Investigación, n.º 9. P. I. Los Olivos - 28906 Getafe (Madrid)

Para Niño, Nicole, Otto, Chachalaca, Takénoko,
todos los gatos que he conocido, y todos los que
conoceré, alguna vez

El gato no nos acaricia,
se acaricia contra nosotros.

Antoine de Rivarol

DEL SIGILO Y EL PESO DE LO INDÓMITO

A veces, me despierta el peso exacto del sigilo,
la criatura que no pide, que se impone en mi regazo,
con la gravedad de un planeta pequeño y desobediente.
Su cuerpo —una viga de tibieza— reposa como si supiera
que el mundo fue hecho para sostenerle,
no para que él lo cargue ni le rinda cuentas.
Yo, que me parto al menor reproche,
le observo cerrar los párpados como si un dios
se permitiera la fatiga y no necesitara testigos.
Y pienso: no hay en él la esclavitud de los fines,
ni la prisa de llegar a nada que no haya sido ya suyo.
Lo han tachado de fiero, pero feroz es quien suplica.
Él no ruega, no emite juramento:
es la forma pura del rechazo al chantaje.
Hay quien dice que es indiferente, y se equivoca:
ama sin servidumbre, con una devoción que no se arrastra,
como quien te reconoce sin necesitar confirmación.
Yo, que fui educada a morir en cada intento de ternura,
aprendí a vivir de nuevo en su mirada que no implora.
Él me lava el rostro con una lengua de ceniza,
como si el mundo fuera sucio solo para mí.
Y cuando parte —con la lentitud de los exilios—
se lleva consigo el concepto de compañía
para que nadie lo convierta en mercancía.

Nadie puede comprar esa forma de quedarse lejos
como un umbral que, sin cerrar la puerta, te protege.
Nadie puede robarle su manera de volver
como si nunca se hubiera ido del todo.
Y me parece que, al mirarlo, recobro lo innombrable:
la dignidad de los seres que no necesitan disfraz
para mostrarse dignos.
Y en él persiste la verdad que no busca aplausos.
Persiste lo que no desea parecer eterno:
el animal que no adora, ni se deja adorar,
pero permanece.

DE SU SILENCIO COMO DOCUMENTO DE GUERRA

Me ha hablado con el lomo, erizado como una costura,
cuando los días me han raspado con uñas de ventana mal cerrada,
y su silencio, más denso que cualquier compasión domesticada,
se ha vuelto el único documento confiable de mi historia.
No hay en él la hipocresía de los gestos aprendidos,
ni la condena de los que quieren salvarte sin entenderte.
Su mutismo no es vacío, sino archivo de todo lo visto.
Camina entre los objetos con el sigilo de los desertores,
pero en sus pupilas carga la memoria de las ruinas,
como si hubiese nacido ya sabiendo del saqueo.
Y mientras yo me hundo en explicaciones que me devoran,
él se ovilla sin pedir disculpas por su forma de existir.
La verdad, pienso, no se grita: se acuesta sobre el suelo
como un cuerpo dispuesto a no huir si la noche se quiebra.
Hay un lenguaje en su respiración que no se puede traducir:
una semántica del pulso, de la oreja que gira sin mirar,
del salto que no advierte pero arranca como una fuga.
No vino al mundo a justificar su presencia,
sino a ejercerla con la contundencia de una cuerda tensa.
Como los cuerpos que sobrevivieron al cerco,

como las mujeres que se niegan a arder sin haber elegido
fuego,
el gato no se rinde: se repliega.
He aprendido de él más que de las madres que no sabían
nombrarme.
Él no educa, no grita, no castiga: se ausenta.
Y en su ausencia florece la sospecha
de que quizá no necesité nunca explicaciones,
sino espacios donde no se esperara nada de mí.
Él murmura con el cuerpo.
Y yo escucho.
Y por fin, dejo de querer ser comprendida.

DE SU PACTO CON LA GRAVEDAD Y LOS TECHOS

Lo he visto negociar con la gravedad como si fuera
hermana,
no enemiga ni carga, sino una cuerda que no amarra.
Se suspende entre las tejas, en equilibrios sin altar,
sin hacer del riesgo un espectáculo, ni del salto, un poema.
Desde el alféizar me observa con esa paciencia
que solo conocen quienes no esperan nada a cambio.
Y ahí arriba, donde yo temería caer por haber sido niña,
él posa como si no hubiese tierra que pudiera dañarlo.
En su andar se firma un pacto con los elementos
—el aire no lo empuja, el suelo no lo reclama—
como si su esqueleto hubiera olvidado las leyes
que mantienen a los cuerpos atados al mandato del peso.
No escala por conquista, sino por recordar que puede.
Yo, que crecí temiendo lo alto porque se cae,
lo miro dormir en el tejado con la confianza
de quien sabe que no hay dios que castigue por trepar.
Nadie le enseñó a no temer las alturas;
quizá por eso nunca creyó en el castigo.
Y si cae, lo hace como una pluma herida
que aún en la caída se cuida de no perder la forma.
Yo, en cambio, he caído como las palabras
que al ser mal pronunciadas ya no pueden recogerse.

Él cae, pero sigue siendo gato.
Yo caigo, y me convierto en lo que me han dicho que soy.
En su caminar entre los cables y las cornisas
hay un manifiesto de resistencia que no se imprime.
No es rebelión: es autonomía sin pancarta.
Y por eso nadie puede domesticarlo sin profanarlo.
Y él se mueve por dentro, como los relojes sin agujas
que aún dan la hora a quien sabe escuchar el pulso.
No escala para mirar el mundo desde arriba,
sino para recordar que el mundo no lo contiene.

DE SU HAMBRE SIN MENDIGAR, SU CAZA SIN GUERRA

No suplica alimento, lo exige con la dignidad
de quien jamás ha aceptado sobras con sonrisa.
Se sienta frente al cuenco con la certeza
de que no está pidiendo: está recordando que existe.
Y come sin premura, sin los modales del vencido,
con esa lentitud que no teme interrupciones.
Yo, que he comido en secreto para no ser llamada voraz,
veo en su gesto la pureza de una necesidad sin culpa.
Caza sin odio, mata sin odio, muerde sin odio.
No hay guerra en su acecho, solo oficio.
No hay crueldad en sus dientes, solo técnica.
Y aun así, el mundo le teme como a lo que no necesita
adornar su violencia con discursos de justicia.
Yo, que he sangrado por causas que no eran mías,
lo miro con envidia: él no se confunde de enemigo.
Su combate no es masacre, su victoria no es desfile.
Una vez vi cómo atrapaba un gorrión
y luego lo soltaba, no por piedad,
sino porque ese día no necesitaba matar para vivir.
Y entendí que la necesidad es más limpia que el deseo.
Él no mata por arte, ni por fama, ni por venganza.
Solo porque el cuerpo lo pide con la precisión
con que el invierno pide abrigo y no discurso.

Yo, que he deseado venganza con el hambre
de quien fue traicionada por confiar,
aprendo de su olfato a distinguir el instinto del rencor.
No se mancha con lo innecesario.
El mundo no necesita sentido, solo orden.
Y en su rutina de depredador medido,
él ordena el caos sin violencia gratuita.
Si lo ves matar, no lo acuses:
obsérvate a ti mismo, comiendo con las manos limpias
tras haber pedido a otros que hagan por ti la matanza.
Él, al menos, asume el precio de su carne.

DE SU LECHO SIN CULPA
Y SU SUEÑO SIN SEÑALES

Duerme con la espalda expuesta como quien no teme
puñales,
con las garras plegadas como banderas tras la tregua.
No guarda postura de alerta ni sueña con escape:
se entrega al reposo como si nunca hubiese sido herido.
Yo, que duermo con el cuerpo en ángulo de defensa,
y al menor ruido me cubro como si el mundo disparara,
lo veo cerrar los ojos sin el peso del remordimiento,
como si cada día no le exigiera excusas por existir.
Sus siestas no son evasión: son territorio conquistado.
Su sueño no es mensaje ni fuga ni profecía.
Es un acto político de quien ha elegido no vigilar.
Duerme con la cabeza hundida en su flanco,
como si él mismo fuese su único refugio,
como si no necesitara otro nido que su costilla.
Y yo, que he pedido a otros permiso para descansar,
que he mentido cansancio para no parecer débil,
lo observo sin envidia, pero con un asombro antiguo.
Nadie le lee el sueño, nadie le pregunta qué imagina.
No carga con símbolos, ni asume el deber de soñar futuro.
No le duele el pasado cuando cierra los ojos.
El tiempo se le curva en el lomo como una rama flexible.
Y allí, en su quietud inmensa y ajena,

descubro una forma de eternidad sin misticismo.
No reposa para renacer: reposa porque puede.
Yo, que he usado el insomnio como testimonio,
descubro en su descanso una declaración:
no debo pagar con vigilia por todo lo que amo.
Dormir sin estar vigilada fue mi primera libertad,
y en él, esa libertad se vuelve carne tibia,
extendida al sol sin miedo al juicio de los otros.
No duerme para olvidar: duerme para permanecer.
Y en su respiración lenta, se deshace el mandato
de estar siempre lista para defenderme.

DE SU DESAPARICIÓN SIN DRAMA, SU REGRESO SIN RUIDO

A veces parte sin aviso, como si el día le reclamara,
como si una grieta en el viento lo absorbiera sin conflicto.
Nadie le ve salir: se vuelve ausencia sin ceremonia,
como se apaga una lámpara que ha cumplido su hora.
Y entonces el cuarto se llena de una calma áspera,
no porque falte su cuerpo, sino porque faltan sus límites.
Yo, que he mendigado constancia en las espaldas ajenas,
admiro su partida limpia, sin rastro de promesas ni culpa.
No deja nota, ni mirada al irse, ni sombra de reproche:
solo el eco sutil de su desinterés por el apego.
Pero vuelve.
Y al volver no exige preguntas, no ensaya explicaciones,
entra con la fluidez de lo que nunca fue del todo ajeno.
No se disculpa, no busca perdón, no dramatiza su retorno.
Vuelve como si el mundo lo hubiese aguardado intacto,
como si todo hubiese existido solo para su llegada.
Y yo, que he construido templos con las ruinas del abandono,
descubro que hay ausencias que no hieren si no se prometen.
Su partida no es traición, su regreso no es redención.
Es un ciclo sin pactos ni condiciones,
una órbita secreta donde nada se retiene a la fuerza.

Quizá por eso lo amo sin cadenas, sin ansiedad de
custodia,
como se ama lo que no puede encerrarse sin morirse.
Él enseña que el lazo no requiere jaula ni cerrojo,
y que el amor que se encierra pronto se convierte en
cautiverio.
Su fidelidad no está en quedarse, sino en volver al
mínimo llamado.
No siempre hay razones para irse, a veces solo hay
direcciones.
Y en su andar, las direcciones no son negación de afecto,
sino otra forma de decir: existo también allá donde no
estás.
Yo, que he temido cada salida como una despedida,
aprendo de su marcha la belleza de la no permanencia.
Y de su regreso, la ternura de lo no condicionado.

DE SU CUERPO COMO FRONTERA ENTRE LO SALVAJE Y LO ÍNTIMO

Su piel no es abrigo, es territorio:
una delgada trinchera entre la ternura y la escama,
donde lo suave no traiciona al filo que lo habita.
He pasado los dedos por su lomo como si leyera
un códice encriptado en cada vibración de sus vértebras.
Y he sentido, sin herirme, que también yo tengo garras
incrustadas en el alma, dormidas por educación.
Él no se ofrece como peluche, ni se endurece por temor:
fluctúa entre el roce y el zarpazo con soberanía intacta.
Yo, que he reprimido mi instinto por miedo a ser desamada,
veo en su gesto el equilibrio de quien no ha renunciado.
No se ablanda para agradar, ni se endurece por mandato.
Su espinazo se curva por deseo, no por obediencia.
Y si bufa, no es por odio, sino por medir la distancia justa
entre su ser y el mundo que lo desea sumiso.
No le interesa ser querido si el precio es la rendición.
Por eso se deja acariciar como un préstamo,
y no se entrega como deuda.
Yo, que he sido tocada sin mi consentimiento tantas veces,
lo miro y comprendo que el cuerpo también dice basta
sin necesidad de alzar la voz o llorar en silencio.
Él lo dice con un leve giro, con una cola crispada,
con ese gesto mínimo que impone respeto sin violencia.

En tu piel
manchas de sol, polvo
de amarillas copas de oro: te estoy hablando[1].
Y él, piel en estado puro, pronuncia su presencia
con una gramática que no permite traducción sumisa.
No hay contradicción entre su cercanía y su reserva:
es un campo sin alambradas,
donde se entra solo si se comprende
que el amor no se exige, se negocia.

---

[1] Glück, Louise. (1992/2006). *El iris salvaje* [*The Wild Iris*] (Eduardo Chirinos Arrieta, Trad.). Valencia: Pre-Textos.

DE SU VOZ SIN FORMA, SU IDIOMA SIN DEUDA

No maúlla por costumbre, ni por llenar el aire:
su voz no es puente, es umbral; no pide, convoca.
He escuchado sus sonidos como quien descifra
el rumor de una lengua anterior a la memoria.
No articula frases ni canta metáforas,
pero cada tono suyo afila una intención precisa.
Una vez maulló ante mi puerta con tal gravedad
que entendí que no buscaba comida,
sino recordar que aún había un afuera para mi encierro.
Yo, que he hablado para ser entendida y aun así me pierdo,
lo envidio por su idioma libre de traducción y deuda.
Él no explica lo que siente: lo emite sin disfraz.
No le tiembla la voz como a mí cuando temo ser juzgada.
No elige palabras para no parecer frágil o agresiva:
tiene el don de que lo escuchen sin tener que adornarse.
No se le exige que hable claro,
porque no se espera de él que justifique su ser.
Yo, que he pedido perdón por cada grito mal leído,
descubro que hay un modo de expresarse sin rogar.
Su sonido no viene del miedo ni del cálculo,
sino de un centro indomable donde aún habita la certeza.
Y si calla, no es omisión, sino afirmación.
No hay sumisión en su silencio: hay presencia
condensada.

Es maestro del contraste
entre silencio y estruendo,
entre sangre roja y nieve blanca[2].
Y él, que la conoce desde el útero del mundo,
no necesita testigos para ser verdad.
Habla con los ojos, con la espalda, con el tiempo.
Y yo, que he escrito miles de palabras sin ser oída,
encuentro en su garganta la posibilidad
de un decir sin retórica, de un lenguaje sin miedo.

---

[2] Szymborska, Wisława. (1997). *El odio* [*Nienawiść*] (Gloria Beltrán & Antonio A. Murcia, Trad.). En *El gran número. Fin y principio y otros poemas.* Madrid: Hiperión.

DE SU RELACIÓN CON LOS RATONES, LOS PÁJAROS Y OTROS BICHOS, LA CAZA EN SU FORMA MÁS PURA

El gato no caza por hambre,
sino por el simple placer de la caza misma,
por el rito antiguo de perseguir lo que se mueve
y de enfrentarse al misterio que esconde la vida.
Cuando se cruza con un ratón,
no hay rencor ni desesperación en su mirada,
solo la intensidad de un instante
en que el mundo se reduce a la fricción
de la presa y el cazador.
El ratón corre,
el gato lo sigue,
no por necesidad,
sino por instinto.
Para él, la captura no es un acto de supervivencia,
sino una danza ancestral
que transcurre en los pasillos oscuros
y bajo las sombras.
Con los pájaros, su relación es similar,
un baile en los techos,
una mirada fija que se traduce en movimiento,
pero no siempre en captura.
A veces, el gato observa,

con paciencia infinita,
sabe que el vuelo es un desafío
y que no siempre debe ganarlo.
El bicho, el insecto,
el pequeño ser que cruza su camino,
es parte de su universo.
Cada criatura es una lección,
un desafío que no se resuelve siempre con la muerte,
sino con la observación,
con el conocimiento de su ser.
Yo, que he visto la caza como un acto de necesidad,
lo miro,
y me doy cuenta de que para él no hay urgencia,
solo una curiosidad infinita,
una certeza de que la vida no es un campo de batalla,
sino un espacio para entender,
sin prisas,
sin violencia.
El gato, con su actitud tranquila,
me enseña que la persecución no siempre es un acto
de conquista,
sino un encuentro que nos recuerda
la fragilidad y la fortaleza
de la vida misma.
Y en su danza,
aprendo que todo ser es digno de ser observado,
pero no siempre de ser capturado.

DE SU LIBERTAD SIN HORIZONTE,
SU HOGAR SIN ENCIERRO

No posee un territorio, lo habita como quien lo sueña,
como si todo espacio le fuera prestado por el viento.
No defiende su rincón como propiedad ni herencia,
pero nadie osa negarle su sitio cuando se instala.
Su hogar no tiene paredes ni lealtades fijas,
es ese rincón donde el calor cae justo en la espalda.
Y aun cuando se aleja de mi puerta durante días,
regresa sin culpa, sin promesas, sin hambre.
Yo, que he confundido hogar con prisión compartida,
descubro en él la residencia que no exige pertenencia.
Camina sobre tejados y basureros como quien elige
la dignidad del mundo en ruinas sobre la comodidad
del oro.
No firma escrituras, no necesita permiso para quedarse:
le basta con saberse huésped del instante.
Y en eso, no hay derrota, sino una forma superior
de entender la permanencia: ser donde se es deseado.
No carga con llaves, no espera que lo nombren
propietario.
No tiene herencia que defender ni pasado que reconstruir.
Yo, que he edificado paredes con los nombres de mis
muertos,
y he colgado fotos como argumentos contra la fuga,

veo que su identidad no depende de raíces,
sino de la huella momentánea que deja al posarse.
Desmalezado con prudencia,
dibujó figuras simples entre
manzanos y bergamotos.
Y él, que no guarda mapas ni levanta casas,
me enseña que tal vez hogar sea el lugar
donde uno puede irse sin que lo maldigan por partir.
Donde el regreso no se celebra con fuegos artificiales,
sino con un cuenco de agua fresca,
y un rincón intacto, aún tibio de su recuerdo.
Yo, que he necesitado un techo para sentirme válida,
comprendo que hay criaturas que se bastan
con la promesa del sol atravesando una baldosa.

DE SU MIRADA SIN JUICIO,
SU MUNDO SIN HORIZONTES

Sus ojos no buscan aprobación, ni miden la distancia
entre el que mira y el que es observado.
No tiene necesidad de enjuiciar los gestos ajenos
porque su mirada no es para marcar límites,
sino para invitar al mundo a existir a su lado.
He visto en sus ojos un reflejo de lo inmenso
y un reflejo de lo cercano: no se pierden en los detalles,
pero lo abarcan todo sin esfuerzo.
No hay en su mirada la tensión que buscan los míos
cuando miden el paso de las horas o el costo de los errores.
Su vista es pura: se posa sobre el presente sin recordatorios,
como si no hubiese historia que obligara a mirarlo de
otra forma.
Yo, que he sido mirada por todos, pero nunca entendida,
admiro su capacidad de ver sin necesidad de catalogar.
No espera que le agradezca el hecho de estar ahí,
ni pide palabras para hacer de su existencia una verdad
más grande.
Ve sin captar, sin adueñarse, sin temer a lo que ve.
Y sin embargo, en esa visión está el todo:
su mundo no se divide entre luz y sombra,
y su mirada no distingue entre superior y inferior.
Ve sin desear poseer, y por eso su mirada es un refugio.

Un rostro acechante,
debajo del gorro de lana roja,
los ojos amarillentos y rojizos[3].
Y en esos ojos no hay juicio, ni peso:
hay una aceptación completa de lo que es,
sin que nada de lo que existe deba justificar su ser.
Yo, que he vivido mirando para encontrar sentido,
descubro en su modo de ver la libertad de no necesitarla.
Él ve porque le es natural, y en su mirada se desvanecen
todas las fronteras entre el uno y el otro.

---

[3] Gordimer, Nadine. (1975/1992). *Ningún lugar semejante* [*Selected Stories*] (Bárbara McShane y Javier Alfaya, Trad.). Madrid: Espasa Calpe, colección Austral Literatura nº 298.

DE SU PASO SIN HUELLA, SU EXISTENCIA SIN PRETENSIÓN

No deja tras de sí huellas que el viento pueda borrar,
y aún así, no desaparece.
Camina como quien no necesita prueba de su paso,
como quien no espera que el mundo lo recuerde.
Cada movimiento suyo es una promesa
de que nada es más necesario que el instante que se vive,
y cada descanso suyo, un recordatorio
de que no existe obligación más sagrada
que la que se impone a uno mismo por amor a la quietud.
Yo, que he dejado marcas profundas en cada paso
para que mi ser no se olvide,
lo observo ir y venir sin dejar más rastro
que una huella breve sobre la tierra mojada.
No se preocupa por ser recordado:
su presencia es tan ligera como la sombra
que desaparece al primer golpe de sol.
Y sin embargo, al irse, no hay vacío,
solo la plenitud de lo que no se fuerza.
Él no reclama espacio, no exige memorias:
existe como un eco suave que sigue resonando
aunque su cuerpo haya partido.
Yo, que he pensado que el ser se justifica en la huella,
aprendo de él que la existencia no necesita pruebas

cuando el vivir es completo en sí mismo.
No deja marcas para que otros lo sigan,
no deja puertas abiertas para no ser olvidado.
Pudiese ser por esta ausencia de frescura,
o sea, de infancia y oreo del alma[4].
Pues los seres que se van no dejan ausencias,
sino presencias incompletas.
Y él, que se esfuma sin prisa,
me enseña que tal vez no necesitamos quedar atrás,
sino seguir adelante sin la carga del recuerdo.
Su paso no es un vacío, sino un susurro
de aquello que no tiene forma, pero está en todas partes.

---

[4] Mistral, Gabriela. (1979). *Magisterio y niño.* Santiago de Chile: Editorial Andrés Bello.

DE SU AMOR SIN FRONTERAS, SU COMPAÑÍA SIN CONDICIONES

No pide afecto, ni exige compañía:
se instala junto a mí, con la certeza de la indiferencia.
No busca que lo acaricie, pero acepta el roce
como si cada gesto mío fuera un acto de equidad.
No le interesa ser el centro de mis pensamientos
y sin embargo, lo encuentro allí, en el hueco vacío
que deja la soledad antes de ser llena.
Amar a un gato no requiere obligación,
no exige palabras, ni promesas, ni futuros compartidos.
Se ama como se ama al viento que roza la piel sin dejar marca,
como se ama el agua que fluye sin esperar ser retenida.
Él no me reclama, no me demanda,
pero en su cercanía hay un lazo más firme que todos los compromisos.
Su amor no depende de la reciprocidad,
ni de la necesidad de que yo lo entienda.
No hay expectativa en su afecto:
él es en su modo, sin concesiones ni demandas.
Yo, que he aprendido a amar a través de la deuda,
descubro que su amor no está sujeto a la deuda
sino al entendimiento de que el amor verdadero
es el que se da y se recibe sin otra razón

que el hecho de ser, juntos, en el mismo tiempo.
¿Cómo se puede matar con el amor?
¡Con un amor como este![5]
Y en su mirada serena,
aprendo que hay formas de amor que no piden
explicación,
solo espacio para ser y fluir.
Así, en su presencia se desvanecen todas mis dudas,
y su amor se convierte en la verdad más sencilla.

[5] Alexiévich, Svetlana. (1997/2001). *Voces de Chernóbil: Crónica del futuro* (Rosa San Vicente, Trad.). Madrid: Debate.

DE SU DUELO INVISIBLE, SU TRATO CON LA MUERTE

Nadie ha visto a un gato llorar,
y sin embargo, sé que conoce la pérdida.
Cuando su compañero muere,
no maúlla su nombre, no entierra su cuerpo,
no exige ritos para retener lo que se ha ido.
Pero se aleja, a veces sin regreso,
como si el luto le tomara la forma de la ausencia.
No dramatiza su dolor: lo vive en la médula,
en el leve abandono de una esquina que solía habitar,
en la negativa a tocar el cuenco compartido.
Yo, que he aprendido a vestir el duelo con palabras,
a llorar con teatralidad para justificar mi tristeza,
lo observo continuar con una dignidad silenciosa,
que no pretende consuelo ni lo ofrece.
Su tristeza es suya, no la comparte,
como todo lo que le importa.
Y en eso, hay una verdad más feroz
que la de todos mis llantos públicos.
No necesita gestos para confirmar su dolor,
porque el sufrimiento no lo debilita,
lo convierte en sombra, lo afina,
lo hace más exacto en su forma de ser.
Yo, que he temido que la muerte me borre,

veo en él una lección de cómo se sobrevive
sin traicionar la memoria del que se fue.
Lo que se ha ido, permanece, sin exigir presencia.
Y así vive él, no negando el final,
sino aceptando su ley como parte de su transcurrir.
No olvida, pero no se detiene.
Y en esa forma extraña de duelo sin lágrimas,
comprendo que la muerte no siempre exige espectáculo,
sino apenas la mudanza del alma a otro modo de habitar.

DE SU RECHAZO AL ORDEN, SU LITURGIA DEL CAOS

Nada en su andar responde a lo previsible:
deshace los esquemas con un giro del lomo,
derriba con suavidad lo que intento alinear.
No respeta las rutas que le marco,
ni los espacios que intento delimitar con ternura
domesticada.
Su mundo es el desorden sagrado de lo que no se puede
fijar,
la consagración de lo espontáneo como única norma.
Yo, que nací moldeada por horarios y estructuras,
lo observo destruir con gracia la arquitectura de mi control,
convertir en juego mi sistema de equilibrios.
No es que ignore las reglas:
las conoce y elige no someterse.
Su rebeldía no es grito ni pancarta,
sino la negativa serena a obedecer sin sentido.
Él no sirve, no cumple, no satisface expectativas.
Y en ello no hay hostilidad, sino independencia.
Cada superficie es suya cuando decide ocuparla,
y cada objeto, un templo o un despojo,
según la lógica de su capricho.
Yo, que temí al caos como se teme a lo irreparable,
descubro en su paso libre la belleza del accidente.

El mundo es una suma de asimetrías
que insisten en no ajustarse.
Y él insiste, desde su lengua tibia,
desde su desobediencia que no busca castigo,
en recordarme que tal vez el orden es otra forma de miedo,
una prisión de simetrías forzadas.
Y que vivir —de verdad vivir—
es permitir que el caos sea también un himno,
un lenguaje del cuerpo que no necesita traducción.

DE SU ENEMISTAD CON LA OBEDIENCIA, SU PACTO CON LA SOLEDAD

No obedece porque no reconoce jerarquías,
ni pretende imponerlas sobre los demás.
Ninguna voz lo somete,
ningún mandato le sirve de brújula.
Obedecer, para él, sería una rendición sin motivo,
una renuncia al alma que lo nombra.
Yo, que he sido criada para complacer,
para decir «sí» con dulzura incluso al daño,
lo veo rechazar con firmeza la caricia no pedida,
la orden disfrazada de halago.
No teme el aislamiento, no llora si no lo buscan:
convive con la soledad como quien comparte el lecho
con una hermana que nunca hiere.
Para él, el aislamiento no es castigo,
sino refugio donde la identidad respira intacta.
Yo, que he temido el abandono más que la muerte,
descubro en su distancia una forma distinta de cercanía,
un vínculo que no necesita proximidad constante
para ser profundo.
La soledad no es vacío, sino presencia sin testigo.
Y él, testigo de sí mismo, sin público ni aplauso,
me enseña que hay libertad
en no necesitar la mirada del otro para ser real.

Su lealtad no es servidumbre,
es elección silenciosa que cambia de forma,
pero no de fondo.
No viene cuando lo llamo,
y sin embargo llega cuando más lo necesito.
No porque se lo ordene, sino porque él decide.
Y en ese acto —ínfimo, grave, perfecto—
la obediencia se vuelve irrelevante,
y la soledad, una dignidad intacta.

DE SU JUEGO COMO RITO, SU INFANCIA SIN PASADO

Juega como si no recordara haber sido otra cosa,
como si no arrastrara historia ni culpa ni propósito.
Cada zancada, una invención nueva de lo posible,
cada salto, una ruptura del tedio sin explicaciones.
No juega para aprender, ni para alcanzar metas:
juega porque su cuerpo lo exige como si fuera hambre.
Yo, que crecí bajo la ley del deber,
veo en su juego un acto de insumisión
contra la maquinaria que entrena para la utilidad.
Nadie le enseñó que debía merecer el gozo,
y así, lo toma sin permiso ni plan.
Juega con una hoja, como si fuera un mundo.
Juega con su sombra, como si fuera una duda.
No representa: vive.
No simula: inventa.
Yo, que aprendí a fingir juegos para complacer adultos,
admiro su autenticidad que no pretende ni educa.
Juega sin estrategia, pero no sin arte.
Hay en sus gestos la precisión de lo ritual
y la sorpresa de lo que no busca repetir.
La infancia no termina,
solo se esconde detrás del rostro serio.
Y él, rostro sin máscara,

me recuerda que jugar es resistir al desgaste,
que reírse del mundo no es ingenuidad,
sino inteligencia sin vanidad.
El mundo, para él, es siempre nuevo,
no por desconocido, sino por disponible.
Y en su juego —feroz, delicado, sin nostalgia—
se esconde la promesa de que no todo lo hermoso
tiene que ser útil, ni todo lo libre, castigado.

DE SU RENCOR AUSENTE, SU OLVIDO SIN HERIDA

No guarda cuentas, ni anota agravios en la memoria.
Su cuerpo no archiva las ofensas,
ni su mirada delata el juicio del resentimiento.
Puede huir de mi mano si fui torpe,
pero regresa luego sin miedo,
como si lo ocurrido hubiera sido apenas
una variación del aire, no una falta.
Yo, que he almacenado las pequeñas traiciones
como se guardan semillas negras para el invierno,
lo observo vivir sin esa carga.
No olvida por debilidad, sino por fuerza.
No porque no sepa lo que pasó,
sino porque no necesita que el dolor lo justifique.
Y eso me desarma.
Porque he creído que recordar es protegerme,
que archivar el daño me hace más lúcida.
Pero él me muestra que hay formas de inteligencia
que no se anudan al castigo ni al control.
No se humilla, pero tampoco se venga.
El agravio no le otorga identidad,
ni la ofensa lo define.
erupciones que tardan mucho en desaparecer
Y él, sin palabras, deshace con un gesto

el nudo que a mí me llevó años apretar.
No es amnesia: es una conciencia sin lastre.
Una forma de vivir en el presente
que no depende del dolor para tener forma.
Así, me enseña que perdonar no es olvidar,
sino negarse a convertir la herida en territorio.
Y en su andar sin rencor,
hay una lección de amor que no exige sacrificios,
solo un corazón disponible a comenzar de nuevo.

DE SU RELACIÓN CON EL LENGUAJE, SU VOZ QUE NO TRADUCE

No habla, pero dice.
No construye sintaxis ni conjuga intenciones,
pero comunica con un idioma sin frontera,
una lengua sin gramática ni país.
Maúlla no para hablarme,
sino para marcar que el silencio también se rompe.
Y cuando calla, su cuerpo se convierte en párrafo:
la curvatura del lomo, el trazo de la cola,
la quietud súbita como un punto y aparte.
Yo, que he vivido dentro de palabras como dentro de
muros,
que he traducido el alma en códigos torpes,
descubro en su mutismo un modo más fiel de presencia.
No necesita nombrar para reconocer,
ni definir para conocer.
No se explica, se ofrece.
Y eso, que parece simple,
es lo más complejo de todo lo que he intentado decir.
Hay días en que su respiración
dice más que mis libros subrayados,
que mis oraciones largas de mujer que quiere ser
entendida.
A veces, la voz más alta es la que no hace ruido.

Y él, sin estruendo,
convoca con su sola aparición una teofanía cotidiana,
una gramática de la presencia que no precisa verbo.
Yo hablo para existir,
él existe sin necesidad de pronunciarse.
Y en esa economía brutal del gesto,
en esa poesía sin texto ni autor,
revela que el lenguaje es apenas
una de las formas posibles del alma,
y quizás no la más verdadera.

DE SU PASO POR EL TIEMPO, SU CUERPO SIN RELOJ

No envejece como yo, que marco cada estación
con nombres, fechas, pérdidas acumuladas.
En él, el tiempo no se acuesta como carga,
ni arrastra calendario ni aniversarios tristes.
Sus días no son cuentas que se gastan,
sino hilos de luz que se entrelazan sin fin ni comienzo.
No teme el fin porque nunca ha vivido el principio,
no repite, no rememora, no anticipa.
Yo, que me someto al futuro como a una deuda,
lo observo ignorar el reloj,
como si cada instante fuera simultáneo a todos los otros.
Sus pupilas no miran atrás ni adelante,
solo abren un ahora que no se encoge ni se extiende.
No celebra cumpleaños,
no guarda dientes de leche como testigos del crecimiento,
no hace del cuerpo una ruina.
No fluyen las lágrimas, quedan tan solo sus secos lechos[6].
El tiempo no fluye,
somos nosotros los que pasamos a través de él.
Y él parece saberlo de modo físico,

---

[6] Tokarczuk, Olga. (2007/2019). *Los errantes* [*Bieguni*] (Aleksandra Orzeszek, Trad.). Barcelona: Anagrama.

como si su columna flexible pudiera navegar
por entre los segundos sin contaminarse.
No hay decadencia en su andar lento o su salto torcido,
solo una variación del ritmo,
una danza que no teme modificarse.
Yo me agoto al nombrar cada pliegue nuevo,
él se transforma sin notarlo,
como un sueño que no necesita ser interpretado.
Y así, con cada giro del cuerpo,
me demuestra que el tiempo
no es algo que se pierde,
sino algo que se habita sin testigos.

DE SU RELACIÓN CON EL FUEGO, SU AFINIDAD CON LO QUE NO SE TOCA

No le teme, pero no se entrega.
Borda en torno al fuego un círculo de reverencia,
como si adivinara que el ardor no perdona.
No lo desafía, lo contempla.
Y en esa distancia justa —ni temor ni osadía—
revela una sabiduría sin origen.
Yo, que he metido las manos donde más quemaba,
por deseo, por ignorancia, por costumbre,
admiro su cálculo exacto,
su intuición para no volverse ceniza.
El calor lo atrae, sí, pero no lo engaña:
sabe distinguir la llama que da vida
de aquella que devora sin pausa.
Y danza, a veces, en la lumbre reflejada,
como si danzara con lo que arde,
pero no se quema.
No obstante, recordaba las historias de niños muertos
en incendios
domésticos mientras las madres salían por recados[7].

---

[7] Munro, Alice. (2014). *Todo queda en casa* [*Family Furnishings: Selected Stories, 1995-2014*] (M. Cohen, C. Aguilar, I. Ferrer Marrades, C. Milla Soler, F. Casas Vaca, E. Vázquez Nacarino, A. Echevarría Pérez & F. J. Ramos, Trads.). Barcelona: Lumen.

Y él, en su andar alrededor de brasas invisibles,
me enseña que no todo vínculo
debe consumarse hasta el fin.
Hay gestos que bastan con rozar lo sagrado
sin nombrarlo.
Hay pasiones que deben vivirse al borde,
como quien se acerca a un dios
al que no se le debe rezar,
sino guardar distancia.
Así, su cuerpo —hecho para el sigilo—
se vuelve metáfora de todas las cosas
que no deben tocarse, pero sí saberse cerca:
el fuego, el amor, la pérdida, la belleza.

DE SU FORMA DE HABITAR EL DOLOR, SU HERIDA SIN DISCURSO

No dramatiza, no lo convierte en espectáculo.
Sufre como quien respira: sin llamar la atención,
sin esperar consuelo, sin pedir traducción.
No convierte el daño en identidad,
ni lo arrastra como estandarte o medalla.
Yo, que he elaborado mi pena con versos y diagnósticos,
que he necesitado testigos para mi quebranto,
me descubro infantil frente a su modo de herirse.
Cuando duele, se encoge.
Cuando el cuerpo reclama, se retira.
No exige, no maldice, no complica.
El dolor auténtico no tiene gramática,
y él, sin habla, lo demuestra:
cada espina que se clava en su pata
no necesita ser contada para ser verdad.
No hay resentimiento, ni espera de reparación.
Solo el presente herido, que pide silencio.
Yo, que he escrito mi dolor hasta vaciarlo,
veo en su quietud otra forma de decirlo todo.
No niega su fragilidad,
pero tampoco la celebra.
Y cuando sana, lo hace sin memoria.
Como si el dolor no le perteneciera,

sino que hubiera pasado a través suyo
como pasa el viento por una rendija.
Así, su herida no es mapa ni himno:
es un instante puro,
que no deja cicatriz en la voz,
ni eco en la costumbre.

DE SU MANERA DE SER TERRITORIO, SU DOMINIO SIN FRONTERA

No necesita fronteras porque es territorio entero.
No marca límites, pero sabe dónde termina.
Su ser no se divide, no se dispersa,
es totalidad que se recorta en cada rincón,
sin pedirme permiso para ser suya la habitación,
ni el jardín, ni la lámpara apagada.
Yo, que siempre he buscado etiquetar y separar,
que he construido límites para protegerme
de lo que me podía devorar,
lo observo fluir entre lo mío y lo ajeno
como quien sabe que todo es de todos
y nada es solo suyo.
No reclama espacios,
pero los hace suyos con una mirada,
un suspiro largo, un cuerpo que se acomoda
en la línea invisible entre lo permitido y lo temido.
El infinito es ahora, al parecer,
dominio del pasado.
Y el futuro se transforma en espacio por descubrir,
en espacio sideral,
lo que equivale en realidad

al descubrimiento del pasado[8].
Y él, que no pide permiso,
se convierte en un permiso sin dueño,
que fluye sin esfuerzo de un lugar a otro,
sin violencia, sin prisas.
No invade, pero marca.
No toma, pero recibe.
Y en su quietud, en su huella ligera,
se dibuja una lección de soberanía.
Que no se necesita luchar por lo que ya se es,
ni conquistar lo que ya nos pertenece.
Así, el mundo entero pasa a ser suyo
sin que un solo gesto suyo lo diga.

---

[8] Morrison, Toni. (2019/2020). *La fuente de la autoestima* [*The Source of Self-Regard*] (Carmen Mayor, Trad.). Barcelona: Lumen/Penguin Random House.

DE SU RELACIÓN CON LA MADEJA DE ESTAMBRE, SU CURIOSIDAD SIN PROPÓSITO

La madeja yace en el suelo,
un enigma sin sentido ni fin,
y él la mira con la atención de quien observa
el misterio en la nada.
No se pregunta por su origen,
ni por su utilidad.
No hay lógica en su juego,
solo la necesidad de tocar,
de deshacer lo que otros han ordenado.
Y así la madeja se convierte en su campo de batalla,
en su lugar de investigación y caos.
No le interesa tejer,
ni construir,
ni alcanzar una meta.
Su cuerpo se enrosca entre los hilos,
se enreda y se retira,
como si cada movimiento
fuera un poema sin principio ni conclusión.
Yo, que he dado forma a todo lo que toca mis manos,
que he dejado que la madeja de mi vida
se desenrolle bajo la presión de la razón,
lo veo jugar sin querer resultados,

y me pregunto si la verdadera libertad
está en el no querer nada más que el instante.
Al aire, ya en el gris de la sombra,
ya en la luz radiante de la luna,
en manos del viento y del juego de las nubes[9].
El verdadero juego es aquel que no tiene nada que ganar.
Y él, entre hilos que se cruzan y se deshacen,
me enseña que vivir no es tejer un futuro,
sino habitar sin miedo el laberinto del presente.
La madeja no es una tarea,
solo un objeto de su curiosidad,
y en su juego, sin rumbo,
resplandece una verdad que no puede ser nombrada.

---

[9] Deledda, Grazia. (1920/2014). *La madre* (José Miguel Velloso, Trad.). Barcelona Digital Editions.

DE SU RELACIÓN CON LAS SARDINAS Y EL JAMÓN, SU HAMBRE SIN PRISA

Las sardinas, recién sacadas del agua,
se ofrecen ante él como un manjar
que no le provoca ansiedad,
ni gana de devorar en una sola mordida.
No hay prisa en su hambre,
no hay desesperación en su mirada.
La carne de la sardina, fría y perfecta,
se encuentra con su lengua con una calma ancestral,
como si el deseo no fuera algo que se posee,
sino un acto que se saborea en cada gesto.
El jamón, tan diferente, tan ajeno,
es una promesa de dulzura
que también recibe sin hacerla urgente.
Él lo prueba,
lo saborea en pedazos pequeños,
como quien no teme que el sabor se desvanezca
antes de que la experiencia llegue a su plenitud.
Yo, que consumo la vida con la avidez
de quien teme que el tiempo se acabe,
veo en su modo de alimentarse
un arte que desconocía.
Comer es un arte cuando no se tiene hambre,
sino deseo.

Y él, sin prisa,
comparte con cada bocado una lección callada:
que el deseo no es la raíz de la escasez,
sino la expresión de una gratitud serena
por lo que llega, sin imponer límites
a lo que la vida ofrece.
Sardinas y jamón no son premios,
son momentos que el cuerpo recibe sin ansiedad,
como si el único sentido del hambre
fuera saborear la promesa
de lo que vendrá.

DE SU RELACIÓN CON LAS CAMAS Y LOS MUEBLES, SU REINADO SOBRE EL DESCANSO

Los muebles no son solo objetos,
sino imperios que él conquista con su presencia.
Cada sofá, cada silla, cada almohada
se transforma bajo su cuerpo
en un reino de descanso,
en un lecho a medida de sus formas secretas.
No hay sitio que no se convierta en cama,
ni rincón que no se haga suyo.
La mesa, tan seria en su propósito,
se pliega a su voluntad:
es una cama provisional,
un refugio fugaz que no necesita permiso.
Las camas se llenan de su peso etéreo,
de su cuerpo que no es uno,
sino muchos que se disuelven en pliegues y sombras,
y cada mueble se convierte en su territorio móvil,
un espacio donde el descanso no pide explicaciones.
Yo, que he buscado descanso en lugares específicos,
que he trazado límites para la comodidad,
lo veo instalarse sin reglas,
en el lugar que elige como si el mundo entero
fuera una tela sobre la que descansar,

un manto que nunca pide ser ordenado.
—*piensa solamente en Mí y descansa en Mí*[10]—
quisiera decirle,
pero el verdadero reposo no conoce fronteras.
Y él, que habita los muebles como un rey sin corte,
me enseña que la verdadera posesión
no necesita reivindicar,
no necesita nombrar.
El mueble, la cama, son suyos
porque se entrega sin esfuerzo a su cuerpo.
Y así, en ese gesto sublime de no tomar,
de no exigir,
encuentra la paz.

---

[10] Undset, Sigrid. (1951/2009). *Santa Catalina de Siena* [*Caterina av Siena*] (Manuel Bosch & Javier Armada, Trads.). Madrid: Encuentro.

DE SU RELACIÓN CON LAS ESCALERAS, SU CIENCIA DEL ASCENSO

Las escaleras no son obstáculos ni caminos:
son ritmos, son pactos con la gravedad.
Él las sube sin premura, sin cálculo aparente,
como si cada peldaño lo conociera
antes de que su pata lo toque.
No las ve como instrumentos de ascenso,
sino como segmentos del aire que se adapta,
como partes del mundo que están ahí
para que él las module con su andar.
Mientras yo, atada a la linealidad del progreso,
las subo pensando en el destino —la cima, el cuarto,
lameta—,
él no piensa en llegar, sino en moverse.
Cada escalón es un presente
que pisa con la gracia de lo inevitable,
y su descenso es una coreografía sin peso,
una negación del derrumbe.
No tropieza, no duda, no se queja.
No mide con los ojos: calcula con la piel.
El cuerpo que comprende su gramática
ya no necesita calcular,
y él, con su andar silencioso sobre mármol o madera,
declara la inutilidad de nuestras urgencias.

La escalera no lo conduce,
lo acompaña.
Y en su paso elástico,
no se advierte esfuerzo ni victoria:
solo un fluir entre niveles,
una aceptación de lo inclinado
como si el mundo se plegara a su andar.
Yo, que subo para llegar,
lo miro y comprendo
que hay quienes suben para estar.

DE SU RELACIÓN CON LA LLUVIA, SU PACTO CON LO INELUDIBLE

Cuando llueve, él no se espanta ni se oculta,
ni huye como quien teme disolverse.
Observa el agua caer sin pronunciar juicio,
como si el cielo le hablara en su dialecto.
No corre bajo techos,
no se revuelca en el barro.
Se queda en los umbrales,
en los sitios donde la gota pierde fuerza,
y allí se pliega como una idea que espera.
No protesta por la humedad,
ni bendice el retorno del sol.
Acepta el agua como una variación del día,
no como una desgracia.
Y yo, que detesto mojarme,
que he aprendido a temerle a la ropa empapada,
lo contemplo entender la lluvia como parte del cuerpo del mundo.
Cuando el viento sopla de lado, la lluvia también cae de lado[11]
y bajo el pelo todas las lluvias de verano

---

[11] Müller, Herta. (1994/2010). La bestia del corazón [Herztier] (Bettina Blanch Tyroller, Trad.). Madrid: Siruela.

dejan sus ángeles reptadores.
La lluvia que no golpea, que susurra desde dentro,
y él, con su pelaje temblando apenas,
parece escucharla como quien escucha un relato largo,
sin buscar consuelo ni propósito.
No la maldice, no la ignora,
sino que se funde con su ritmo,
la deja rozarlo sin violencia,
como si el agua no lo borrara,
sino que lo hiciera más visible.
La lluvia, en su mundo,
no moja: acontece.
Y él la deja acontecer,
con esa paciencia que apenas
denota existencia.

DE SU RELACIÓN CON LOS ESPEJOS, SU REFLEJO SIN VANIDAD

Frente al espejo no se reconoce ni se extraña,
no busca en la imagen una confirmación,
ni espera encontrar allí una versión mejor de sí mismo.
Lo mira —sí—, con curiosidad cauta,
como si al otro lado viviera
una criatura que no le pertenece
pero que tampoco le amenaza.
A veces se acerca, toca el cristal,
como tanteando el límite de la presencia,
pero nunca se obsesiona.
No hay vanidad en su gesto,
ni el deseo de corregir la figura reflejada.
Yo, que he temido y amado el espejo,
que he buscado en él el rostro que el mundo exige,
lo veo aceptarse como solo se acepta lo que no se nombra,
y en esa indiferencia suya,
más cercana al misterio que al desdén,
reconozco una forma de libertad que yo no supe cultivar.
Lo que uno ve no es lo que es,
sino lo que ha sido enseñado a ver.
Y él, sin haber sido enseñado,
no se somete a la imagen.
No la combate, no la celebra.

El espejo, para él, no es otra cosa
que un muro brillante,
un umbral que no necesita cruzar.
Y yo, que he vivido entre reflejos
como si fueran los únicos testigos de mi ser,
entiendo que su sabiduría
consiste en no creerse jamás duplicado.
Él es uno, incluso en el cristal,
y esa unidad lo salva
de todas las dudas que el vidrio siembra.

DE SU RELACIÓN CON LOS NIÑOS, SU DIPLOMACIA CON LA TERNURA

A los niños no los teme ni los busca;
los observa desde un margen sin nervios,
como si ya supiera que su torpeza
lleva un corazón sin heridas.
Cuando se acercan, no se aleja de golpe,
pero tampoco se entrega sin medida.
Se deja tocar como un plumaje antiguo
que sabe resistir manos sin mapa.
Los tolera sin servidumbre,
los acompaña sin deber.
A veces se instala en el regazo de uno,
no porque el afecto le sea dulce,
sino porque el silencio que habita en su cuerpo
a veces necesita la torpeza ajena para abrirse.
Yo, que aprendí a tratar a los niños con frases blandas
y juegos que no entiendo,
lo miro trazar una alianza muda,
una diplomacia sin promesas.
No le inquietan sus gritos,
ni lo conmueve su risa.
Pero hay algo en la forma en que lo miran,
con ese asombro que no quiere poseerlo,
que lo detiene y le permite quedarse.

Un niño lo nombra sin domesticarlo,
y eso basta.
Lo he visto huir de un adulto que ofrece dulces,
y quedarse con un niño que apenas le presta atención.
Su criterio no obedece a lo útil,
sino a una ética secreta
que mide las almas sin decirlo.
Y así, cuando lo veo dormido junto a unos pies pequeños,
comprendo que su ternura
no es una respuesta,
sino una forma de no herir lo que aún no ha sido roto.

DE SU RELACIÓN CON LA BASURA, SU ARQUEOLOGÍA DEL DESPRECIO HUMANO

Se acerca a la basura como quien indaga el alma,
no por hambre ni por juego,
sino por el arte de oler lo desechado.
No escarba con la torpeza de los perros,
ni con la prisa de quien necesita.
Inspecciona.
Examina los restos como reliquias profanas,
lo que fuimos y no queremos recordar.
Troza con la garra los envoltorios
como quien abre una carta no dirigida,
como si cada cáscara contuviera
una confesión o una trampa.
Yo, que desprecio mis sobras y las encierro,
que hago del cubo un escondite diario,
lo observo revelar lo que soy sin saberlo:
una criatura que expulsa,
que oculta,
que teme que el mundo la vea a través de lo que ya no quiere.
Él, sin embargo, no juzga ni ironiza.
Reclama su derecho a husmear el tiempo,
a rescatar entre colillas y mondas
el mapa invisible del deseo ajeno.

Y si encuentra algo, no lo devora:
lo olfatea, lo palpa,
y muchas veces lo deja donde estaba,
como quien ha visto demasiado.
La basura, para él,
no es desprecio ni fortuna,
sino la geografía de nuestras pequeñas traiciones.
Y su paso por ella no la redime,
pero sí la observa con dignidad callada,
como un monje que encuentra
el altar olvidado de una fe que nunca fue suya.

DE SU RELACIÓN CON LAS PUERTAS, SU ARTE DE PEDIR SIN PALABRAS

No araña, no empuja, no clama.
Se planta frente a la puerta con la paciencia
de quien ha vivido siglos sin abrir nada.
No exige el paso, lo aguarda.
La mira como se mira una señal,
no un obstáculo.
Se sienta, se curva en espiral de sombra,
y espera.
Yo, que golpeo, que giro llaves,
que he aprendido a forzar entradas,
lo contemplo pedir sin pedir,
ofrecer su cuerpo entero como lenguaje.
A veces basta con una leve vibración en su lomo,
un pestañeo largo,
un gesto apenas,
para que alguien comprenda.
Y entonces la puerta se abre.
No se lanza.
Cruza con ese paso que no interrumpe el mundo,
que no agradece ni ignora.
Cruza como quien regresa a su propio aire.
He comprendido, mirándolo,

que las puertas no dividen:
pausan.
Y que abrirlas no es vencer,
sino aceptar.
Él no cree que el otro lado sea mejor.
Solo distinto.
Y a veces se queda ahí,
en el umbral, sin cruzar,
como si lo importante no fuera el tránsito
sino el estar entre.
Ni dentro ni fuera.
Entre.
Esa tierra que yo siempre evité
por temor a no pertenecer a nada.
Pero él,
él hace de ese filo de marco
un territorio sagrado
donde nada se exige
y todo se insinúa.

DE SU RELACIÓN CON EL DOLOR, SU COMPRENSIÓN DE LA EXISTENCIA INELUDIBLE

El gato no conoce el dolor como una tragedia
ni como una acusación.
Cuando lo hiere la zarpa del tiempo,
no se revuelca en el lamento ni en la protesta.
Lo lleva consigo,
como quien lleva una historia escrita en su piel,
pero sin buscar hacerla eterna.
Él no guarda en su cuerpo el rencor
de las pequeñas heridas que la vida le otorga.
Se limpia, se relame,
y la marca se convierte en olvido.
Yo, que he aprendido a hablar del dolor como un enemigo,
que le he dado nombre,
que he tallado con él mis dudas,
lo miro dejarse herir,
sin negarse al mundo ni al tiempo.
No huye del sufrimiento,
no lo busca,
pero lo acepta sin preguntar
si es justo o necesario.
Incluso,
una noche, se entretendrá en sufrir

hasta que, harto del sabor de su dolor,
ataque alegremente un muslo de pollo[12].
El dolor no es una pena, es la condición de existir.
Y él, con su cuerpo desnudo de explicaciones,
entiende que vivir es estar siempre al borde del sufrimiento,
pero que ningún borde
es más que un paso más.
El dolor, para él, no tiene un final:
es solo la otra cara de la vida misma,
la que se funde con la luz
en el día que se apaga sin esperanza ni queja.
Y en ese acto de resistencia callada,
él me enseña
que el dolor no es una carga,
sino una presencia fugaz
que no marca más que el instante que pasa.

---

[12] De Beauvoir, Simone. (1949/2021). *El segundo sexo* [*Le deuxième sexe*] (Alicia Martorell, Trad.). Madrid: Cátedra. (Citando a Pierre Costals, personaje de la novela *Les jeunes filles* de Henry de Montherlant).

DE SU RELACIÓN CON LA LIBERTAD, SU FILOSOFÍA DEL SER EN MOVIMIENTO

El gato no conoce la libertad como un derecho,
ni como una posesión que deba proteger.
No la reclama,
no la lucha por ella.
Se mueve con la calma de quien ha comprendido
que no se escapa de nada,
sino que se encuentra
en cada paso que da.
Cuando se estira, cuando se arquea,
cuando huye de la mano que lo toma
o se acurruca en la esquina de la casa,
no lo hace por rebelión ni por miedo.
Lo hace porque la libertad es un espacio
que ya ocupa,
un cuerpo que ya no está preso de nada.
Yo, que he entendido la libertad como un logro,
como una conquista que debe ser ganada,
lo observo desplazarse por el mundo
sin hacer un solo gesto por alcanzarla.
Es libre porque no sabe lo que es estar preso,
porque nunca se ha forjado una cadena
ni ha vivido bajo el yugo de una promesa rota.
Jeremy, el vecino,

se hizo amigo de un gato al que puso
el nombre de Reverendo John Langborn,
comía muchas veces macarrones en la mesa con él.
Le encantaba tener ratones jugueteando por su estudio y
comiendo migas de su regazo[13].
La libertad no es solo la ausencia de restricciones,
sino la capacidad de vivir según nuestras propias elecciones.
Él no necesita la lucha,
porque su elección es el movimiento,
su elección es el ser,
y todo lo que hace es una extensión
de ese primer impulso hacia la vida.
No se resiste ni se define,
solo es.
La libertad, para él,
es la esencia misma de existir
sin que haya algo que deba probar.
Y yo, que persigo la libertad como un ideal,
aprendo que el verdadero acto de ser libre
es ser uno mismo,
sin las cadenas invisibles que yo misma forjo.

[13] Nussbaum, Martha. (2022/2023). *Justicia para los animales: Nuestra responsabilidad colectiva* [*Justice for Animals: Our Collective Responsibility*] (Albino Santos Mosquera, Trad.). Barcelona: Paidós/ Planeta. (Hablando de Jeremy Bentham).

DE SU RELACIÓN CON LA MUERTE, SU INDIFERENCIA SERENA ANTE EL FIN

El gato no conoce la muerte como un temor,
ni como un final inminente.
No se oculta cuando el tiempo lo roza
ni se deshace en ansiedad ante su sombra.
La muerte no es su enemiga
ni su amiga.
Es una vecina callada,
que habita en cada rincón de la casa
pero que no interrumpe su siesta.
Él la siente cerca,
como se siente la lluvia antes de caer,
pero no se apresura ni se detiene.
Cuando la anciana dama se le acerca,
él la mira,
y en ese mirar no hay rencor ni curiosidad.
Solo la aceptación,
como quien recibe la estación que ha llegado sin ser llamada.
Yo, que he temido la muerte como un juicio final,
que la he visto como el abismo
del que no se puede regresar,
lo observo caminar hacia ella sin detenerse,
como quien se sabe eterno en el instante.

La muerte, para él, no es una amenaza,
sino una presencia quieta,
un eco lejano,
que nunca molesta,
porque sabe que no hay nada que pueda robarle.
Hay cantidad de cosas que habitualmente
se consideran necesarias para vivir,
pero a veces,
basta no mentirse
para saber que no hay nada en este mundo por lo que se pueda vivir[14].
Mas la muerte no es una calamidad,
es simplemente la continuación del movimiento.
Y el gato,
con su ritmo de vida sin descanso,
baila con la muerte sin prisa,
sin aferrarse ni temer.
Su filosofía es simple:
vivir es moverse,
y moverse es ser uno mismo,
sin necesidad de un final,
porque al final, en el mismo movimiento,
todo se disuelve.

---

[14] Weil, Simone. (1942/1995). *Pensamientos desordenados* [*Pensées sans ordre concernant l'amour de Dieu*] (M. Tabuyo & A. López, Trads.). Madrid: Trotta.

DE SU RELACIÓN CON EL AMOR, SU DESAPEGO DELICADO Y SU CONOCIMIENTO SIN PALABRAS

El gato no ama como los humanos,
con promesas ni juramentos.
No se entrega por miedo ni por deseo.
Lo que para él es amor
es una certeza que fluye sin apuro.
Cuando se acurruca junto a alguien,
no lo hace porque lo necesite.
Lo hace porque su cuerpo reconoce
la suavidad del otro cuerpo,
la vibración tranquila que lo acompaña.
No busca fusionarse,
ni se sumerge en la necesidad de ser todo uno.
Él se adhiere sin perderse,
y se va sin desdén.
Es una relación que no exige,
que no posee.
Es un respeto al otro,
sin necesidad de que el otro lo entienda.
Yo, que he amado en la prisa de la entrega,
que he aprendido a amar como quien se sujeta,
lo miro fluir en el amor como si fuera agua
que no se retiene,

sino que se encuentra.
El amor, para él, no es una propiedad,
sino una danza silenciosa
donde ambos cuerpos se tocan
sin prometerse nada.
*¿Cuándo se les enseñará adecuadamente
lo que es el amor?*[15]
El amor no es un acto de fusión,
sino un acto de reconocimiento del otro
en su diferencia.
Y el gato, en su conocimiento sin palabras,
me enseña que amar es permitir
que el otro sea otro,
sin querer que se convierta en uno mismo.
Y en ese espacio vacío,
donde el amor fluye sin ahogarse,
todo se siente más cercano,
sin perderse nunca en la promesa de un «todo».

---

[15] Irigaray, Luce. (1990/2007). *Tú, yo, nosotras* [*Je, tu, nous: Pour une culture de la différence*] (Pepa Linares, Trad.). Madrid: Cátedra.

DE SU RELACIÓN CON LA JUSTICIA, SU EQUILIBRIO NATURAL ENTRE LO JUSTO Y LO INJUSTO

El gato no conoce la justicia como una ley escrita,
ni como un sistema que deba ser defendido.
No pesa la balanza de lo que es correcto
ni se detiene en el cálculo de lo merecido.
Para él, la justicia es un instinto,
un equilibrio que se da sin esfuerzo,
como el peso exacto de su cuerpo
cuando se lanza sobre una presa
o cuando se acomoda en un lugar prohibido.
No hay juicio en sus ojos,
solo una conciencia profunda de lo que es suyo
y lo que es ajeno,
sin necesidad de preguntar.
Cuando duerme, no teme que se le arrebate el espacio,
porque sabe que su lugar es suyo,
y cuando camina sobre el borde del muro,
lo hace con la seguridad de quien no necesita defenderse.
Yo, que he aprendido a ver la justicia
como algo que se reclama con palabras y gestos,
lo observo balancearse entre la ley de su cuerpo
y la ley del mundo,
sin conflicto,

como quien no se ve a sí mismo como víctima
ni verdugo.
La justicia para él no es una lucha,
es una aceptación,
un estado de armonía
en el que no hay quien gane ni pierda,
sino quien está.
La justicia no es el equilibrio de las partes,
sino el reconocimiento de la dignidad en todo ser.
Y el gato, sin saberlo,
me enseña que la justicia no es algo que se persigue,
sino algo que se vive,
como la quietud de un instante
en el que todo encaja en su lugar
sin necesidad de una medida.

DE SU RELACIÓN CON EL CONOCIMIENTO, SU SABIDURÍA SIN PALABRAS, SIN ESFUERZO

El gato no busca el conocimiento como quien rastrea pistas,
ni como quien ansía acumular respuestas.
Él sabe, sin aprender,
sin enseñarse ni ser enseñado.
Su sabiduría es un saber que emerge del silencio,
del instinto que le dice cómo moverse,
cómo observar, cómo callar.
No necesita entender lo que pasa a su alrededor
para ser parte de ello,
no hay interrogantes que le carcoman,
solo hay momentos que se despliegan ante sus ojos
sin necesidad de nombrarlos.
Cuando salta,
cuando acecha,
cuando se deja llevar por la corriente del día,
lo hace con la certeza de que su cuerpo
es una extensión de la inteligencia del mundo.
No interroga al mundo,
solo lo atraviesa,
y en esa travesía encuentra todo lo necesario.
Yo, que he buscado siempre en las preguntas
y en las respuestas mi refugio,

lo observo moverse en su calma
y me doy cuenta de que el conocimiento no se alcanza,
se vive.
El conocimiento no es un fin,
sino una forma de ser.
El gato, con su sigilo y su misterio,
me enseña que saber no es una cuestión de acumular,
sino de ser en cada paso
y en cada observación.
No hay que entender el todo,
basta con entender el instante.
Y en ese saber profundo,
él me muestra la verdad:
que no hay respuestas
donde no hay preguntas.

DE SU RELACIÓN CON EL TIEMPO, SU INDIFERENCIA HACIA LA PRISA, SU PRESENCIA INMUTABLE

El gato no se apresura hacia el futuro,
ni se desespera por lo que vendrá.
No cuenta los segundos,
no mide el paso de las horas con sus ojos.
El tiempo, para él, no es una línea recta,
ni un río que corre hacia un fin.
Es un ciclo que lo envuelve,
un espacio de pausas y repeticiones
que no piden respuesta.
Cuando se acurruca al sol,
cuando se deja envolver por la calma del día,
no piensa en el mañana,
ni en la noche que se avecina.
Solo está,
en el aquí y el ahora,
con la misma serenidad
con que respira el árbol que no tiene prisa.
Yo, que vivo entre las prisas del reloj,
que cuento los momentos como si fueran riquezas
que no puedo dejar escapar,
lo miro con admiración,

como quien observa a alguien que se ha liberado del
yugo del tiempo.
El gato no tiene ansiedad,
no hay impaciencia en sus ojos,
solo una quietud que es más profunda
que cualquier reloj que marque el día.
La oración había sido en otro tiempo como un vicio,
pero la perpetua presencia de este ubicuo e intruso amigo
equivalía ahora casi a una alucinación[16].
El tiempo no es un enemigo,
es solo la tela en la que vivimos.
Y él, con su cuerpo que se estira lentamente,
me muestra que el tiempo no pasa,
solo se despliega,
como una tela que se extiende
sin necesidad de que nadie la apresure.
En su silencio,
en su caminar sin rumbo fijo,
entiendo que el tiempo no es lo que se pierde,
sino lo que se vive.

---

[16] Murdoch, Iris. (1974/2022). *La máquina del amor sagrado y profano* [*The Sacred and Profane Love Machine*] (Camila Batlles, Trad.). Madrid: Impedimenta.

DE SU RELACIÓN CON EL CUERPO, SU MOVIMIENTO, SU HISTORIA DE RESISTENCIA

El gato no conoce el cuerpo como algo ajeno,
ni como una prisión de la que desear escapar.
Su cuerpo es su territorio,
su expresión más plena.
No se avergüenza de sus movimientos,
ni de la manera en que se extiende,
como si el mundo entero fuera suyo
y no tuviera límites más allá de su piel.
Cuando se erige sobre sus patas traseras,
cuando se dobla y se retuerce,
no lo hace por necesidad ni por deseo de mostrarse.
Lo hace porque es un cuerpo que no sabe que es cuerpo,
sino que simplemente es,
en su forma, en su movimiento.
Yo, que he aprendido a ver el cuerpo como una carga,
como un estigma que debo ocultar o cambiar,
lo observo,
y me doy cuenta de que el cuerpo no es un enemigo,
no es un peso,
sino la forma misma del ser.
Mi cuerpo, representación viviente de otra vida más
antigua, longeva y sabia.

Y él,
su enorme cuerpo hinchado, inmóvil debajo de la sábana gris
que sonríe
con gesto cómplice[17].
El cuerpo no es una cárcel,
es una armadura.
El gato, con su danza de movimientos suaves,
me enseña que el cuerpo no es algo que deba ser
escondido,
sino algo que debe ser celebrado
en su más pura forma.
No hay vergüenza en su cuerpo,
solo aceptación,
y yo, que he aprendido a temerlo,
comienzo a aceptarlo
como el único hogar que poseo.

---

[17] Lorde, Audre. (1982/2023). *Zami: Una nueva forma de escribir mi nombre* [*Afropean: Zami: A New Spelling of My Name A Biomythography*] (Magalí Martínez Solimán, Trad.). Madrid: Capitán Swing.

DE SU RELACIÓN CON LA SOLEDAD, SU PROFUNDO REFUGIO EN EL SER

El gato no teme la soledad como un vacío
ni la ve como un abandono.
Su soledad es su reino,
su espacio donde las sombras no son oscuridad,
sino una luz distinta que lo rodea.
Cuando se aleja,
cuando se esconde en algún rincón solitario,
no busca escapar de algo,
sino hallar la paz que solo se encuentra en el silencio.
Él no necesita compañía
para sentirse completo,
no busca consuelo ni conversación.
Su presencia es suficiente,
su ser es un refugio en sí mismo.
Yo, que he buscado siempre el consuelo de otros,
que he temido la soledad como una condena,
lo observo,
y me doy cuenta de que la soledad no es una enemiga,
sino una amiga fiel que invita al encuentro interior.
Nadie osa nombrar la soledad
acaso preferimos intuirla
como si sondeáramos su tumba

para medir la hondura[18].
La soledad no es un vacío,
es una eternidad contenida en un suspiro.
El gato, con su mirada profunda y su paso lento,
me enseña que la soledad no es algo que se deba temer,
sino un lugar donde uno puede encontrarse
sin miedo a perderse.
En su silencio,
en su aceptación del estar solo,
encuentro una lección que nunca había entendido:
que la verdadera compañía comienza
cuando aprendemos a estar solos con nosotros mismos.

[18] Dickinson, Emily. (c. 1850-1886/2010). *Poemas a la muerte* (Rubén Martín, Trad.). Madrid: Bartleby Editores.

DE SU RELACIÓN CON LA MUERTE, SU INDOLENTE ACEPTACIÓN DE LO INEVITABLE

El gato no teme a la muerte,
ni la elude con esperanza vana.
Él la mira con ojos tranquilos,
como quien ve una sombra que pasa
sin apresurarse.
Cuando una de sus patas se adormece,
cuando su paso se ralentiza por los años,
no protesta,
no lamenta lo que se va.
La muerte es solo otro estado de ser,
una transformación que no requiere lucha.
En sus últimos días,
cuando se acurruca en su rincón favorito,
cuando ya no busca el sol,
ni la caza,
ni la compañía,
es porque ha comprendido
lo que para otros es un misterio:
que morir no es un fin,
sino un cambio,
un regreso al lugar de origen.
Yo, que he temido la muerte

como un abismo oscuro que traga todo,
lo observo,
y me doy cuenta de que la muerte no es un enemigo,
sino una amiga que nos acompaña,
nos espera.
La conversación continúa, las leyes, los chistes, las muertes,
el camino de la vida continúa[19].
La muerte no es un final,
sino un paso, un regreso a la totalidad.
El gato, con su paso lento y su mirada fija,
me enseña que la muerte no es una fuerza que deba ser
temida,
sino una puerta que se abre suavemente,
como quien se recuesta sobre un lecho ya conocido.
Y en esa aceptación,
en ese no temer al paso final,
encuentro la libertad que siempre busqué.

---

[19] Rich, Adrienne. (2018). *Poemas* (Jorge Yglesias, Trad.). Buenos Aires: Cuadernos Lumpen.

DE SU RELACIÓN CON LAS PUERTAS, SU DANZA ENTRE LO CERRADO Y LO ABIERTO

El gato no ve las puertas como límites,
ni como barreras que bloqueen su camino.
Para él, las puertas son solo transiciones,
umbrales donde el mundo se ofrece o se oculta,
dependiendo de su ánimo.
Cuando una puerta se cierra ante él,
no siente el rechazo ni el enojo
como yo, que me enfrento al cierre con frustración.
El gato, sin prisa, se aleja,
y al siguiente instante,
ya está encontrando otro camino.
No se apega a lo cerrado,
ni se entristece por lo que no se le da.
Cuando una puerta se abre,
lo hace con la gracia de quien sabe que el acceso no es un derecho,
sino una oportunidad,
y avanza, sigiloso,
sin pedir permiso.
Yo, que temo lo que se me niega,
que me enfurece lo que no puedo alcanzar,
lo observo,
y me doy cuenta de que las puertas no son muros,

sino pasajes que se dan o se retiran según la necesidad.
Las puertas no son solo lo que cierran,
sino también lo que nos llama a cruzar.
El gato, con su agilidad de espíritu,
me enseña que no hay que temer las puertas cerradas,
sino entender que siempre habrá otras,
si estamos dispuestos a movernos,
a cambiar de dirección.
Y en ese simple acto de atravesar,
él me enseña la libertad
que reside en cada umbral.

DE SU RELACIÓN CON LO QUE NO PUEDEN ABRIR, LO CERRADO QUE PERSISTE

El gato no insiste donde no puede entrar,
ni se atormenta por lo que permanece cerrado.
Lo que no se abre ante él,
no lo consume,
no lo llama a la desesperación.
Él observa el muro,
el cajón cerrado,
el cofre que guarda un misterio que no le interesa.
No se somete a la ansiedad de la llave perdida,
ni se siente incompleto por lo que se resiste.
En su quietud,
el gato entiende que lo cerrado no es un castigo,
sino una advertencia de que hay algo que debe
permanecer intacto.
Cuando una puerta se tranca,
él no busca romperla ni forzarla,
solo da un paso atrás,
como quien respeta la voluntad de lo que no debe ser
tocado.
Yo, que me irrito ante la imposibilidad,
que me pierdo en la frustración de lo inaccesible,
lo miro,
y me doy cuenta de que lo cerrado no es un desafío,

sino una protección,
un espacio que no requiere exploración.
Hay cosas que no deben ser abiertas,
pues en su cerradura reside su verdadera fuerza.
El gato, con su actitud serena,
me enseña que no todo debe ser desvelado,
que lo que no se abre
es tan necesario como lo que se revela.
Y en su paz,
en su aceptación de lo inalcanzable,
encuentro una lección profunda:
que el misterio tiene su lugar,
y no siempre necesitamos poseerlo.

DE SU RELACIÓN CON OTROS GATOS, LA FRATERNIDAD SILENTE Y EL RESPETO COMPARTIDO

El gato no busca la compañía de su especie
como si fuera una necesidad,
sino un encuentro que se da sin prisa,
sin la urgencia de un lazo que debe ser forjado.
Cuando otro gato aparece en su territorio,
no hay hostilidad ni reclamo de dominio,
solo una mirada que entiende lo que el otro es,
sin juicio,
sin comparación.
Ellos no necesitan palabras para reconocer
que comparten una esencia común,
un ritmo silencioso que solo se percibe en la quietud.
Se cruzan en las sombras del jardín,
se rozan sin apuro,
se alejan como si el encuentro fuera una breve tregua,
sin deseo de permanencia.
Yo, que busco a veces en la compañía un refugio
o una justificación para mi ser,
los observo,
y me doy cuenta de que la relación no es una carga,
sino una simple comprensión del otro,
una conexión sin expectativas.

La libertad de uno se enciende
en el respeto por la libertad del otro.
El gato, en su danza con otros gatos,
me enseña que la verdadera fraternidad no requiere
cadenas,
ni reclamos,
ni la necesidad de ocupar el mismo espacio.
Es un acto de respeto mutuo,
un reconocimiento de la autonomía que ambos poseen.
Y en su simplicidad,
en su coexistencia tranquila,
aprendo que la libertad compartida
es la forma más pura de unión.

DE SU RELACIÓN CON EL JARDÍN, LA DANZA ENTRE LO VIVO Y LO VEGETAL

El gato no ve el jardín como un espacio ajeno,
sino como una extensión de su ser,
un mundo donde la tierra y el aire se entrelazan
en un canto antiguo que solo él comprende.
Se mueve entre las plantas con una precisión casi ritual,
no tocando, no alterando,
solo dejando que su presencia sea una sombra que danza
al compás de la brisa.
Cuando se acerca a la rosa,
no la aplasta con su peso ni la arranca con su garra,
solo se detiene un momento,
huele el aire,
y se aleja, como quien honra el misterio
de una flor que no necesita ser poseída.
En el jardín, el gato no es dueño,
sino compañero,
un testigo que guarda su espacio
en silencio.
Yo, que he visto las plantas como objetos
de adornos o de utilidad,
las miro ahora con los ojos del gato,
y me doy cuenta de que el jardín no es un paisaje que
deba ser cultivado solo con la mano,

sino con el alma,
con la mirada atenta,
con el respeto de quien entiende que las raíces no son solo tierra,
sino historia.
El jardín no crece porque lo obliguemos,
sino porque lo permitimos.
El gato, con su paso sigiloso entre las hojas,
me enseña que el jardín no es un espacio que deba ser controlado,
sino un lugar que vive por sí mismo,
y que nosotros somos solo visitantes
en su tiempo eterno.
Y en su quietud,
en su armoniosa integración con la naturaleza,
aprendo que todo en el jardín es un lenguaje secreto
que solo se entiende cuando dejamos de buscarlo,
cuando solo somos parte de su flujo.
Y *cuando abrí las ventanas del cuarto*
y miré el jardín fresco y calmado
bajo los primeros rayos del sol,
tuve la seguridad de que realmente
no hay nada que hacer más que vivir[20].

---

[20] Lispector, Clarice. (2018). *Todos los cuentos* [*Todos os contos*] (E. Losada, C. Peri Rossi, J. García Gayo, M. Cohen, M. Morales, Trads.). Madrid: Siruela.

DE SU RELACIÓN CON LA PROPIA MUERTE, LA DESPEDIDA SIN RUIDO

El gato no teme la muerte de la autora,
ni se inquieta por el vacío que dejará su paso.
Cuando el final se acerca,
él no busca consuelo ni se aleja en fuga,
solo se acurruca en su rincón,
como quien sabe que la ausencia no es un abismo,
sino un espacio por llenar.
El gato observa el cuerpo que alguna vez se levantó
y ahora yace quieto,
pero no lo mira con tristeza.
Para él, la muerte no es una pérdida,
sino una transformación,
un descanso que le pertenece,
un viaje que no debe ser temido.
Él no pregunta si el alma se va,
ni si las palabras se pierden en el aire.
En su corazón, todo se encuentra completo
en su momento presente.
Yo, que he visto la muerte como una cicatriz,
un corte que rasga todo lo que amamos,
lo miro,
y me doy cuenta de que la muerte no es una condena,
sino una parte integral del ciclo,

un acto que no debe ser temido.
La muerte no es lo contrario de la vida,
sino una de sus formas.
El gato, con su tranquilo paso por el umbral,
me enseña que la muerte no es un final trágico,
sino una transición sin ruido,
un regreso sin lucha.
Y en su serenidad,
aprendo que morir no es el cierre de un capítulo,
sino el comienzo de otro,
en la eterna danza del ser.

DE SU RELACIÓN CON EL FIN DEL MUNDO, LA CALMA ANTE LO INEVITABLE

El gato no se inquieta por el fin del mundo,
ni por los gritos que resuenan a su alrededor.
Cuando el cielo se oscurece,
cuando el suelo tiembla,
él simplemente se acomoda
en su lugar,
como quien sabe que lo que arde en el horizonte
no lo afecta.
Para él, el fin no es una catástrofe,
sino una curiosa quietud
donde los ruidos cesan,
donde el tiempo se diluye,
y lo que antes parecía urgente
se desvanece en la brisa.
El gato observa el caos,
el movimiento frenético de los seres humanos,
y no se apresura,
ni corre,
ni se asusta.
Su mundo es el aquí, el ahora,
y cuando este se deshaga,
él ya estará en otro lugar,
en otro estado,

sin prisa,
sin pena.
Yo, que temo el fin como quien teme un abismo,
lo miro,
y me doy cuenta de que el fin no es un fin,
sino una liberación,
un retorno al origen,
por miedo a un mundo en
donde todo es insólito,
hasta el hecho de respirar y de percibir
confusamente algo
que es la luz de una mañana de verano[21].
El fin del mundo no es más que el fin de lo que
conocemos,
pero no el fin de lo que somos.
El gato, con su indiferencia hacia el desmoronamiento,
me enseña que el fin no es una condena,
sino un proceso natural,
uno que no debemos temer,
sino aceptar con el mismo desinterés
con el que se acurruca en su rincón.
Y en su quietud,
aprendo que lo que se disuelve
es solo un paso más
en la danza eterna del ser y el no ser.

---

[21] Yourcenar, Marguerite. (1974-1988/2022). *El laberinto del mundo* [*Le labyrinthe du monde: Souvenirs pieux, Archives du Nord y Quoi? L'Éternité]* (Emma Calatayud Herrero, Trad.). Barcelona: Alfaguara.

DE SU MUERTE SIN TRAGEDIA, SU AUSENCIA SIN LUTO

Cuando mueren, no se quiebran las columnas del mundo.
No hay orquesta de llantos ni discursos de consuelo.
No se alzan mausoleos ni se publican epitafios.
Mueren como vivieron: a solas, con dignidad indómita,
con ese gesto de quien no debe cuentas a nadie.
No anuncian el final con un lamento ensayado,
ni reclaman compasión para despedirse.
Simplemente, desaparecen de un rincón a otro,
como se apaga una brasa sin súplica.
Yo, que he llorado las ausencias hasta volverlas himnos,
que he aprendido a enlutecer con lenguaje y rituales,
me enfrento a la sencillez abismal de su partida.
El cuerpo queda, pero el espíritu se escurre sin ceremonia,
dejando apenas una huella de tibieza en la manta.
No buscan posteridad ni quieren ser recordados,
porque jamás vivieron para ser memoria.
No hay mayor acto de libertad que morir sin testigos.
Y así se marchan, sin drama, sin pactos, sin excusas.
No hay ira en su final, ni arrepentimiento.
Solo la continuación secreta de un ciclo
que ni el nacimiento ni la muerte alteran.
Yo construyo altares para los que amo,
ellos no los necesitan:

su huella no exige bronce ni palabra.
Mueren sin dejarnos en ruina,
porque jamás nos prometieron quedarse.
Y sin embargo, esa huella sin peso
es lo único que permanece intacto
cuando todo lo demás se desmorona.

DE SU MUERTE SIN CLAMOR, SU ADIÓS SIN MONUMENTO

No muere entre lamentos ni bajo la luz de los vitrales,
no exige tumba ni epitafio, ni cuerpo honrado por discursos.
Se va como vivió: sin juramentos, sin dramatismo.
He visto a un gato morir como cae una hoja seca,
sin queja, sin plegaria, sin la urgencia de un legado.
No gime por piedad ni busca testigos:
deja que el cuerpo lo abandone con la misma discreción
con que duerme sobre mi pecho cuando no sé qué hacer.
Y yo, que he temido la muerte como una deuda no pagada,
lo observo deshacerse sin rencor ni glorificación.
No convierte su final en metáfora, ni lo esconde en eufemismos.
No prolonga el adiós para obtener consuelo ajeno.
Muere sin melodrama, y por eso duele más.
Porque no se aferra, no suplica, no se niega al umbral.
Solo cierra los ojos una vez más y no los abre.
Y entonces el mundo no cambia, pero algo sí se pierde:
ese leve testigo de lo que podía ser paz
sin rendición, compañía sin dominio, belleza sin mandato.
Yo, que he visto morir a humanos entre máquinas,
entre gritos, entre cuidados que olvidaban la ternura,

siento en su partida una forma más honda de lo sagrado.
Morir sin dejar huella es tal vez la forma más digna de existir.
Y él, que no tuvo títulos ni descendencia ni casa propia,
se va como quien entiende que no hace falta ser recordado
para haber sido indispensable.
No hay ceremonia, solo un hueco en el sillón,
una quietud distinta en el aire,
un silencio que no pesa, pero no se va.
Yo, que he pedido que me lloren al partir,
descubro que quizás la verdadera eternidad
es no necesitar que nadie nos recuerde para haber sido.

ÍNDICE

Esta primera edición de *Una madeja de estambre*
se acabó de imprimir en Madrid
el 20 de febrero de 2026,
Día Internacional del gato.